CRISTINA CONTILLÌ

Mᵐᵉ de Stael

SCRITTRICI IN POSA
DAL ROMANTICISMO
ALLA BELLE EPOQUE

Pour l'e-book:

YOUSCRIBE.COM - PARIS
http://www.youscribe.com/catalogue/tous/scrittrici
-in-posa-dal-romanticismo-alla-belle-epoque-
2364527

Pour le livre:

Lulu.com
3101 Hillsborough Street
Raleigh, NC 27607
USA

Printed in 2014.

Seconda edizione riveduta ed ampliata.

Prima ristampa: febbraio 2014.

Seconda ristampa (con l'aggiunta di nuove immagini): maggio 2014.

MME DE STAEL
Anne-Louise Germaine Necker,
baronessa di Staël-Holstein[1]

[1] «Anne-Louise Germaine Necker, baronne de Staël-Holstein, connue sous le nom de Madame de Staël, née et morte à Paris (22 avril 1766-14 juillet 1817), est une romancière et essayiste française d'origine genevoise. Issue d'une famille de suisses protestants richissimes, Germaine est la fille du banquier Jacques Necker (plus tard ministre des finances du roi de France Louis XVI), et de Suzanne Curchod (originaire du canton de Vaud). Elle est élevée dans un milieu d'intellectuels nantis, qui fréquentent assidûment le salon de sa mère (Buffon, Marmontel, Grimm, Edward Gibbon, l'abbé Raynal et Jean-François de La Harpe). Elle épouse en 1786 le baron Erik Magnus de Staël-Holstein (1749-1802), ambassadeur du roi Gustave III de Suède auprès de la cour de France à Versailles, son aîné de dix-sept ans. La fortune de son épouse permet au diplomate scandinave de mener un train de vie qui rehausse l'éclat de sa patrie aux yeux des Français. Le couple se séparera en 1800. Devenue baronne de Staël, elle mène une vie sentimentale agitée, nourrit une grande tendresse pour François de Pange et entretient en particulier une relation orageuse avec Benjamin Constant, écrivain et homme politique franco-suisse, rencontré en 1794. Elle est surtout connue pour avoir popularisé en France les œuvres romantiques des auteurs de langue germanique, jusqu'alors relativement méconnues dans ce pays.
Sa réputation littéraire s'affirme avec trois ouvrages:
«Lettres sur les ouvrages et le caractère de Jean-Jacques Rousseau«(1788);
«De l'influence des passions sur le bonheur des individus et des nations» (1796);
"De la littérature considérée dans ses rapports avec les institutions sociales» (1800).
Proche de François de Pange, elle est comme lui favorable à la Révolution française et aux idéaux de 1789. Rapidement considérée comme une opposante redoutable par les maîtres de la révolution,

elle doit à plusieurs reprises, malgré le statut de diplomate de son mari, se réfugier en Suisse auprès de son père. Interdite de séjour sur le sol français par Napoléon Bonaparte qui la considère comme un obstacle à sa politique, elle s'installe en Suisse dans le château familial de Coppet qui sert de lieu principal de rencontres au groupe du même nom, et d'où elle fait paraître Delphine (1802), Corinne ou l'Italie (1807) et De l'Allemagne (1810/1813). Séparée de son mari en 1800, veuve en 1802, elle se remarie en 1811 avec un jeune officier genevois, Albert de Rocca, et rouvre son salon parisien à la faveur de la Restauration de la maison de Bourbon. Elle meurt en 1817, peu de temps après une attaque de paralysie qui la terrasse au cours d'un bal que donnait le duc Decazes, laissant inachevées ses Considérations sur les principaux événements de la Révolution française, ouvrage posthume publié en 1818.»

(Testo tratto da :

PORTRAITS HISTORIQUES

E. NEURDEIN

28. Bould Sébastopol.

PARIS

COLLECTIONS COMPLÈTES

DES VUES DE FRANCE

DE L'ALGÉRIE ET DE BELGIQUE

en tous formats

Mᵐᵉ de Stael

Mme De Stael in un cdv dello studio Neurdein di Parigi tratto da un disegno[2]

---

[2] Prima dei cdv corredati di foto o tratti da dagherrotipi esistevano cdv basati su disegni o litografie, per esempio, Silvio Pellico racconta in una lettera del 1845 al padre somasco Antonio Bottari suo amico che aveva acconsentito a realizzarne uno tratto da una litografia del pittore torinese Emilio Gallina perché quest'ultimo si trovava in difficoltà economiche e Pellico con il suo gesto lo voleva aiutare altrimenti specifica che non sarebbe stato il tipo da andare in giro a distribuire copie del proprio ritratto.

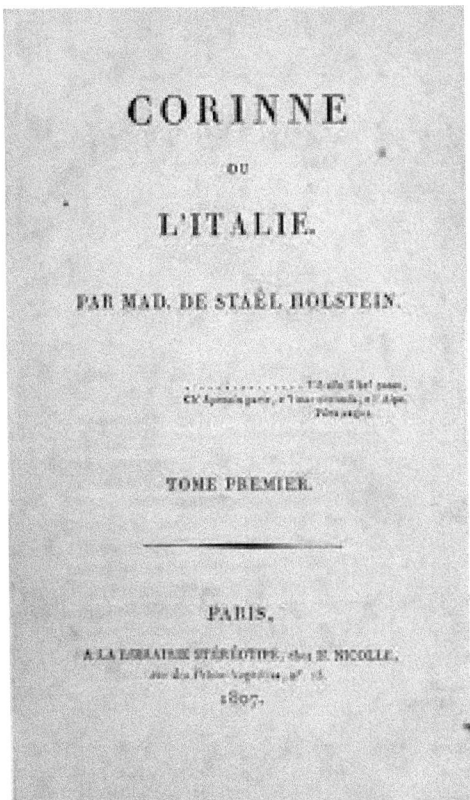

«Courinne ou L'Italie» di Mme de Stael
in un'edizione pubblicata a Parigi nel 1807.

*E due ritratti dell'autrice
nei panni di Corinna.*

Madame de Staël en Corinne (1807), Firmin Massot, huile sur bois, 61 x 52 cm - Collection du château de Coppet (Suisse) - Publié dans Histoire de la littérature en Suisse romande, tome I, éditions Payot-Lausanne.[3]

---

[3]http://commons.wikimedia.org/wiki/File:Madame_de_Sta%C3%ABl_en_Corinne_1807.jpg

EMILIE DELPHINE DE GIRARDIN[4]

[4] «Fille de Jean Sigismond Gay (1768-1822), seigneur de Lupigny en Savoie et de son épouse née Sophie Nichault de la Vallette (1776-1852), Delphine est élevée par sa mère au sein d'une brillante société littéraire et fait partie avec elle du cercle romantique de Charles Nodier. Elle publie ses premiers poèmes dans la *Muse française*. Elle est l'auteur de deux volumes de mélanges, des *Essais poétiques* (1824) et de *Nouveaux Essais poétiques* (1825). Lors d'une visite en Italie en 1827, elle est accueillie avec enthousiasme par le monde littéraire romain et se voit même couronnée au Capitole. De ce séjour italien elle rapporte diverses poésies, dont la plus ambitieuse est *Napoline* (1833). Son mariage avec Émile Delamothe dit Émile de Girardin[1], le 1er juin 1831, lui ouvre de nouveaux horizons littéraires. De 1836 à 1839, elle publie des chroniques spirituelles dans le journal *La Presse*, sous le pseudonyme de Charles de Launay. Ces chroniques, éditées sous forme de recueil en 1843 sous le titre de *Lettres parisiennes*, obtiennent un grand succès. Parmi ses œuvres de fiction les plus connues, on peut citer le roman *le Marquis de Pontanges* (1835), un recueil de récits, *Contes d'une vieille fille à ses neveux* (1832), *la Canne de Monsieur de Balzac* (1836) et *Il ne faut pas jouer avec la douleur* (1853). On compte au nombre de ses drames en prose et en vers *l'École des journalistes* (1840), *Judith* (1843), *Cléopâtre* (1847), *Lady Tartufe* (1853), et les comédies en un acte, *C'est la faute du mari* (1851), *La Joie fait peur* (1854), *le Chapeau d'un horloger* (1854) et *Une femme qui déteste son mari*, paru à titre posthume. Delphine de Girardin a exercé une influence personnelle considérable dans la société littéraire contemporaine et dans son salon régulièrement fréquenté, entre autres, par Théophile Gautier, Honoré de Balzac, Alfred de Musset, Victor Hugo, Laure Junot d'Abrantès, Marceline Desbordes-Valmore, Alphonse de Lamartine, Jules Janin, Jules Sandeau, Franz Liszt, Alexandre Dumas père, George Sand et Fortunée Hamelin. Elle a écrit sous divers pseudonymes: Vicomte Charles Delaunay, Charles de Launay, Vicomte de Launay, Léo Lespès, Léa Sepsel.
(Testo tratto da:
http://fr.wikipedia.org/wiki/Delphine_de_Girardin)

Delphine De Girardin in un cdv photo dello studio Reutlinger di Parigi[5]

---

[5] Foto esposta e premiata al Salon del 1867: Exposition universelle de 1867 à Paris: catalogue général - Pagina 96
books.google.it/books?id... - Traduci questa pagina
Commission impériale - 1867 - Leggi - Altre edizioni
Boulevard Montparnasse, 25. 131. Six portraits, même numéro: La princesse Anua Murat; la duchesse de Mouchy. Marie-Antoinette, Alfred de Musset, **Mlle de Girardin.**

BIBLIOTHÈQUE FRANÇAISE

XIXᵉ SIÈCLE

Mᵐᵉ DE GIRARDIN

Textes choisis et commentés

par Jean BALDE

PRIX : 1,50   LIBRAIRIE PLON

Délphine intorno al 1850 da:
http://it.wikipedia.org/wiki/File:Delphine_Gay
_de_Girardin_BNF_Gallica.jpg

Una Madame De Girardin più matura e più
appesantita nel fisico in un cdv dello studio
Pesme di Parigi risalente probabilmente al
1855, l'anno della morte della scrittrice.

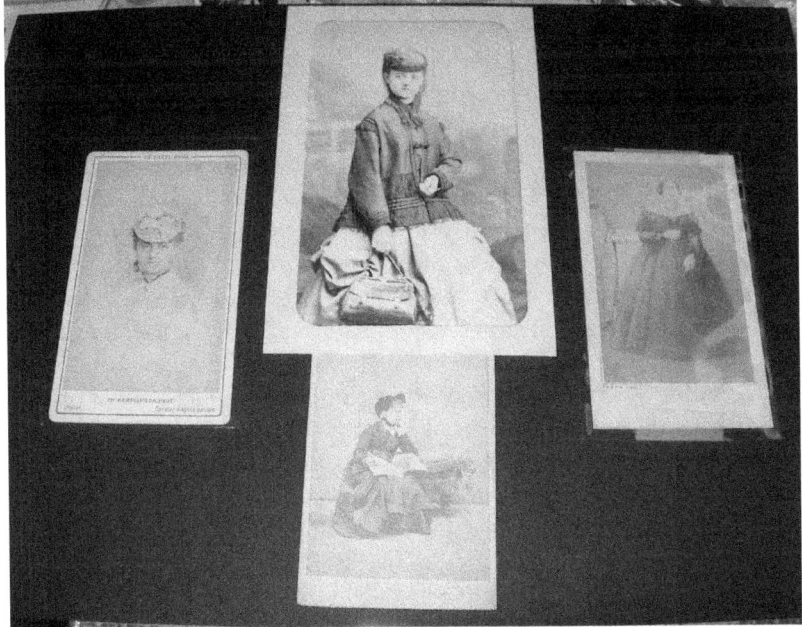

FELICITE' DE GENLIS[6]

[6] «Stéphanie-Félicité du Crest, comtesse de Genlis, marquise de Sillery, naquit dans une famille de noblesse d'épée originaire de Bourgogne, fille d'un ancien capitaine qui portait le titre de marquis de Saint-Aubin. Dans son enfance, conformément à un usage alors fréquent dans la noblesse de province, son père, après avoir fait preuve de huit quartiers de noblesse pour Félicité, la fit recevoir chanoinesse dans un des chapitres du Lyonnais. Lorsqu'il mourut en 1763, sa veuve, marquise de Saint-Aubin, et ses deux enfants – Félicité et son frère – se trouvèrent soudain jetés, sinon dans la pauvreté comme on l'a dit, du moins dans une certaine gêne[1]. Comme chanoinesse, elle fut appelée « la comtesse Félicité de Lancy », parce que son père était seigneur et patron de cette petite ville. Pendant cette période elle acquit un savoir encyclopédique qui devait lui être utile par la suite.

La marquise de Saint-Aubin – mère de Félicité – eut l'habileté de s'introduire dans les salons des grands financiers du temps, où sa jeune fille se fit remarquer par son talent de harpiste. Ce furent ses concerts qui remirent à la mode cet instrument, qu'on avait cru oublié depuis la Renaissance. Quatre fois par semaine, la mère et la fille se rendaient à des dîners à l'issue desquels Félicité donnait son récital (On prétendit que c'était moyennant une rétribution convenue à l'avance). Toutefois, on trouve dans les mémoires de la marquise de Créquy un démenti formel, et fort argumenté : « On a dit et publié (par animosité contre Mme de Sillery) que sa mère avait eu l'indignité de lui faire jouer de la harpe à des concerts publics, et qu'on les faisait venir à nos soirées moyennant rétribution, ce qui n'est pas vrai le moins du monde. D'abord aucune personne comme il faut n'aurait voulu participer à cet avilissement d'une famille noble et d'une fille de condition ; ensuite Mme du Crest avait deux fortes pensions sur les états et le clergé de Bourgogne, sans compter l'argent qu'on allait solliciter pour elle et qu'on obtenait toujours de M. le Prince de Condé, gouverneur de Bourgogne. À ma connaissance, et jusqu'au mariage de sa fille, au moins, elle n'a jamais dépensé dans une année moins de quinze à dix-huit mille francs honorablement perçus. Enfin, son caractère était justement l'opposé d'une pareille conduite ; et quand nous avions donné quelque bagatelle à sa fille, elle ne manquait jamais de faire apporter chez nous un panier du crû de Montrachet, que nous appelions, à cause de cela, le vin des États de Bourgogne. − Vous me ruinez, nous disait-elle, avec vos cadeaux ; et si vous avez compassion de moi, ayez la bonté de ne jamais nous en faire !... »

Par l'entremise de sa tante, la marquise de Montesson[2], Félicité de Genlis rencontra Charles-Alexis Brûlart, comte de Genlis, filleul et héritier d'un ancien ministre d'État, Louis Philogène Brûlart de Sillery, marquis de Puisieulx, colonel des Grenadiers, qui devint par la suite marquis de Sillery. Félicité qui cherchait un mari aisé et bien portant sauta sur l'occasion. Les jeunes gens se marièrent en 1763 mais monsieur de Genlis n'interférera jamais dans les ambitions sociales de sa femme. Grâce à sa position dans la société, la comtesse de Genlis fut présentée à la cour deux ans après son mariage. En 1770, elle espérait entrer dans la maison de Marie-Joséphine de Savoie[3]. Les Brûlart, refusant de s'abaisser à en faire la demande à la comtesse du Barry, ainsi qu'il en était de rigueur à l'époque, Félicité dut se rabattre sur la maison d'Orléans.

Madame de Montesson la fit admettre au début de 1772 comme « dame pour accompagner » la duchesse de Chartres, belle-fille du duc d'Orléans, tandis que le comte de Genlis était nommé capitaine des gardes du duc de Chartres, futur Philippe Égalité. Ces deux postes comportaient le logement au Palais-Royal ainsi que des gages de 6 000 livres pour le mari et 4 000 pour la femme de celui-ci.

À peine arrivée, la comtesse de Genlis entame une liaison avec le duc de Chartres. Pendant l'été 1772, alors que la duchesse était partie en cure à Forges-les-Eaux[4], cette liaison tourna à la passion.

La comtesse de Genlis se chargea également de l'éducation des enfants d'Orléans et notamment de celle du futur roi des Français, qu'elle éleva avec l'idée d'en faire un nouveau saint Louis[5]. Dès la naissance de Louis-Philippe en 1773, elle proposa au duc de Chartres divers gouverneurs possibles, mais, celui-ci les ayant tous rejetés, elle proposa d'éduquer les enfants elle-même. Cette proposition fut acceptée. La charge était délicate étant donné que vers l'âge de sept ans, l'usage était que les princes « passent aux hommes » pour être confiés aux soins d'un gouverneur assisté d'un sous-gouverneur. Félicité de Genlis ne fut pas nommée gouverneur. De cette manière, elle put diriger l'éducation de Louis-Philippe jusqu'au moment où elle pouvait en être officiellement chargée. En attendant, il fut convenu avec la duchesse de Chartres qu'elle prendrait en main l'éducation des deux jumelles nées en 1777 et que, pour ce faire, elle s'installerait avec elles dans un couvent. En fait, elle alla s'établir dans un petit bâtiment appelé pavillon de Chartres ou pavillon de Bellechasse, spécialement construit sur un terrain dépendant du couvent des dames chanoinesses du Saint-Sépulcre au Faubourg Saint-Germain. À cette époque elle se lie avec la baronne de Montolieu qui devient une amie intime.

Le duc de Chartres la nomma « gouverneur » de ses enfants, au nombre desquels le futur Louis-Philippe, roi des Français, qui lui voua toute sa vie une adoration[6]. L'ensemble de ces princes et princesses la préférèrent d'ailleurs toujours à leur propre mère.

Félicité de Genlis se fit connaître par ses principes sur l'éducation des jeunes gens et par de nombreux ouvrages littéraires. Elle rencontra Rousseau et Voltaire et fut l'amie de Charles-Pierre Claret de Fleurieu, de Bernardin de Saint-Pierre, de Talleyrand, de Juliette Récamier, et composa une œuvre riche de quelque cent quarante volumes. Son premier essai, *Théâtre à l'usage des jeunes personnes*, reçut les éloges de Marmontel, d'Alembert et Fréron[7].

De 1789 à 1791, elle tient un salon, que fréquente le duc d'Orléans, où se retrouvent Talleyrand, David et de jeunes députés de la Constituante comme Lameth, Barère et Barnave.

Madame de Genlis s'enfuit en Angleterre pendant la Terreur. Son mari ainsi que Philippe Égalité furent guillotinés, tandis que deux de ses pupilles, les frères de Louis-Philippe, croupirent si longtemps en prison qu'ils contractèrent une maladie de poitrine qui les emporta en 1807 et 1808. Sa fille, Pulchérie, mariée au général Jean-Baptiste Cyrus de Timbrune de Thiembronne, passa, elle aussi, très près de l'échafaud. En Angleterre, Félicité de Genlis maria une autre fille,

Pamela Brûlart de Sillery qu'elle avait eue en secret du duc de Chartres, à Lord Fitzgerald, qui fut massacré lors de l'insurrection de Dublin en 1798. Sa deuxième fille est la grand-mère de Marie Lafarge.

En 1801, Bonaparte l'autorisa à rentrer en France, l'utilisa comme espionne, et la pensionna. Elle fut, avec Antoinette Legroing de La Maisonneuve, que Genlis connaissait, une des femmes de lettres qu'il admira, et qu'il tâcha de récompenser. Par contre Bonaparte n'admira jamais Germaine de Staël, qui fut considérée sa vie durant comme la rivale de Genlis ; en fait, il la détestait.

Sa vie empira avec le retour des Bourbons en 1815. Elle n'a vécu financièrement que grâce aux droits d'auteur qu'elle tirait de ses romans et nouvelles. Sa vie durant, et malgré ses moyens limités, elle adopta de nombreux enfants de toutes les classes sociales et se chargea de leur éducation.

Félicité de Genlis vécut juste assez longtemps pour voir celui qu'elle avait élevé devenir roi des Français. Elle laissait non seulement des mémoires appelés à devenir célèbres mais aussi de nombreux ouvrages édifiants à l'usage de la jeunesse.

Elle fut inhumée au cimetière du Mont-Valérien le 4 janvier 1831. Lors de son enterrement, le doyen de la Faculté des Lettres de Paris déclara : « Pour honorer et célébrer dignement la mémoire de Mme de Genlis, ce seul mot doit suffire : son plus bel éloge est sur le trône de France ! »[8]. Le 21 décembre 1842 ses restes ont été transférées dans la 24e division du cimetière du Père-Lachaise

Notes et références

1. ↑ Le père de Félicité avait fait faillite et a laissé sa famille dans le besoin
2. ↑ Maîtresse puis épouse morganatique du duc d'Orléans père du futur Philippe-Égalité
3. ↑ Future épouse du comte de Provence, connu par la suite sous le nom de Louis XVIII
4. ↑ Les eaux de cette station balnéaire auraient, pensait-on à l'époque, favorisé la fécondité

5. ↑ Machteld DePoortere, The philosophical and literary ideas of Mme de Stael and Mme de Genlis, tr John Lavash (Currents in Comparative Romance Languages and Literatures, vol. 160, New York and Bern, Peter Lang, 2007), p. 13.

6. ↑ Dans ses *Mémoires*, le roi Louis-Philippe raconte l'éducation spartiate que ses frères et sœurs ainsi que lui-même avaient reçue de Mme de Genlis. Ce qui ne les empêcha pas de lui vouer une adoration qu'ils ne ressentaient même pas pour leur mère.

7. ↑ Michel de Decker, *Le duchesse d'Orléans, épouse de Philippe-Égalité, mère de Louis-Philippe*, rééd.Pygmalion 2001 (première édition 1981), p.82

8. ↑ Cité par Guy Antonetti, *Op. cit.*, p. 640

9. ↑ (en) Gaston Prinet, «Mme de Genlis; sa sépulture», *L'Intermédiaire des chercheurs et curieux*, vol. XCIV, n° 1740, 1931, p. 352-353 (lire en ligne [archive])

(Testo tratto da:
http://fr.wikipedia.org/wiki/F%C3%A9licit%C3%A9_de_Genlis)

*Madame de Genlis in un cdv dello studio
Neurdein di Parigi tratto da un disegno.*

"Les Veillées du Château,
ou Cours de Morale à l'usage des Enfans»
par Mme la comtesse de GENLIS
Paris. Chez Lecointe et Durey, Libraires. 1826

Jacques-Antoine-Marie Lemoine, Portrait de Madame de Genlis[7]

[7] http://commons.wikimedia.org/wiki/File:Madame_de_Genlis_by _Lemoine.jpg?uselang=fr

MARIE DE HEREDIA
(Gérard d'Houville)[8]

[8] «Marie Louise Antoinette de Heredia, dite Gérard d'Houville, née le 20 décembre 1875 à Paris 7ᵉ et morte le 6 février 1963 à Suresnes¹, est une romancière et poétesse française, deuxième des trois filles de José-Maria de Heredia, la cadette étant Louise. Toute enfant, elle fréquente déjà poètes et artistes: Leconte de Lisle, Anna de Noailles, Paul Valéry ou Pierre Louÿs ont été accueillis chez son père. Elle écrit ses premiers vers à la Bibliothèque de l'Arsenal, dont son père est le directeur. Sa vie sentimentale et familiale est assez agitée, elle épouse le poète Henri de Régnier, puis devient la maîtresse de Pierre Louÿs, père probable de son fils, Pierre de Régnier (1898-1943) qui sera journaliste. Elle aura par ailleurs d'autres amants, Edmond Jaloux et son ami Jean-Louis Vaudoyer, le poète Gabriele D'Annunzio exilé à Paris entre 1910 et 1914, le dramaturge Henri Bernstein On lui prête une relation saphique avec Georgie Raoul-Duval. Son pseudonyme « Gérard d'Houville » vient du nom de jeune fille de sa grand-mère paternelle. Sous ce nom de plume, elle reçoit en 1918 le 1ᵉʳ prix de littérature de l'Académie française pour l'ensemble de son œuvre. À partir de 1894, elle publie des poèmes dans La Revue des Deux Mondes. Son premier roman, L'Inconstante, paraît en 1903. Plusieurs peintres ont fait d'elle son portrait, parmi lesquels Jacques-Émile Blanche, Jean-Louis Forain.

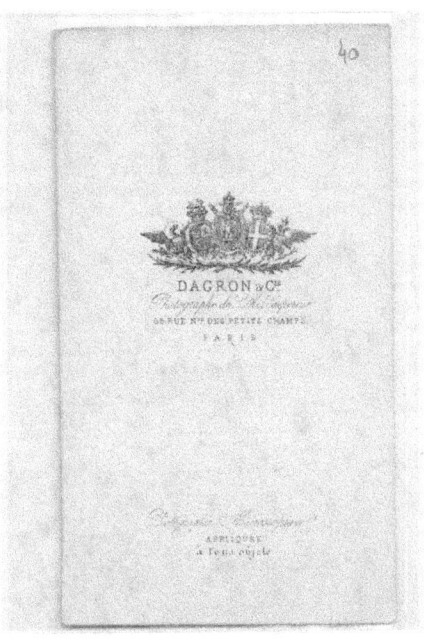

*Una giovanissima Marie con un libro in mano
in un cdv photo dello studio Dagron di Parigi.*

Marie fotografata da Nadar nel 1889.

Marie de Heredia, née Marie-Louise-Antoinette de Régnier, dite Gérard d'Houville, (1875-1963) posant pour son portrait dans l'atelier de Jacques-Émile Blanche[9]

---

[9] http://it.wikipedia.org/wiki/File:Blanche_-_Marie_de_Regnier.jpg

ANNA DE NOAILLES[10]

[10] Nacque a Parigi, discendente dalle famiglie di boiardi Bibescu e Craioveşti di Romania, figlia del principe Grigore Bibescu-Basarab, figlio a sua volta del principe valacco Gheorghe Bibescu e della principessa Zoe Brâncoveanu[1]. Sua madre fu la pianista greca Raluca Moussouros, a cui Paderewski dedicò diverse composizioni. Sua zia, la principessa Elena Bibescu, fu una delle animatrici della vita artistica parigina della fine del XIX secolo, fino alla sua morte avvenuta nel 1912[2].

Nel 1897 sposò Mathieu de Noailles (1873-1942), quarto figlio del settimo duca di Noailles. La coppia, che faceva parte dell'alta società parigina dell'epoca, ebbe un solo figlio, il conte Anne Jules (1900-1979).

All'inizio del XX secolo il suo salotto all'Hôtel de Brancovan, al 34 di avenue Hoche[3] attirava l'élite intellettuale, letteraria e artistica dell'epoca. Lo frequentarono tra gli altri Edmond Rostand, Francis Jammes, Paul Claudel, Colette, André Gide, Maurice Barrès, Frédéric Mistral, Robert de Montesquiou, Paul Valéry, Jean Cocteau, Alphonse Daudet, Pierre Loti, Paul Hervieu e Max Jacob.

Nel 1904, insieme ad altre signore tra cui la moglie di Alphonse Daudet e Judith Gautier (la figlia di Théophile Gautier), Anna de Noailles creò il premio «Vie Heureuse», appoggiato all'omonima rivista, che divenne negli anni 1920 il Prix Femina, riconoscimento alla migliore opera francese in prosa o in poesia, come contraltare femminile (nella giuria) del Prix Goncourt.

Anna de Noailles godette all'epoca di grande notorietà mondana. Di grande presenza, fu ritratta da molti pittori famosi, come Antonio de la Gandara, Kees van Dongen, Jacques-Émile Blanche, Philip Alexius de Laszlo. Nel 1906, fece da modella per un busto in marmo di Auguste Rodin, oggi esposto al Metropolitan Museum di New York; il bozzetto in creta è esposto al Musée Rodin di Parigi.

Anna de Noailles fu la prima donna insignita del titolo di Commendatore della Legion d'onore. L'Académie française non l'accolse fra gli Immortali, ma istituì, nel 1994 il Prix Anna de Noailles, destinato ad una donna di lettere. Fu anche la prima donna accolta alla Académie royale de langue et de littérature françaises de Belgique (al

FOTO ANONIMA DI INIZIO '900
TRATTA DA:

---

seggio 33; sul quale le successero Colette e Cocteau).
Morì nel 1933, e riposa al Père Lachaise a Parigi (ma il suo cuore è
collocato nel cimitero di Amphion-les-Bains a Publier).
Testo tratto da: http://it.wikipedia.org/wiki/Anna_de_Noailles

CDV PHOTO DELLO STUDIO CARJAT DI PARIGI CON L'INDICAZIONE SUL RETRO "MA TANTE ANNETTE".

ANNA IN UN RITRATTO DEL 1913
PUBBLICATO SULLA RIVISTA
"L'ILLUSTRATION".

GABRIELLE GAUTHIER
(Colette)[11]

---

[11] «Dernière des quatre enfants (deux filles et deux garçons) de Sidonie Landoy *(Sido)* et du capitaine Jules-Joseph Colette (saint-cyrien, zouave qui a perdu une jambe lors de la bataille de Melegnano et est fait percepteur à Saint-Sauveur en Puisaye[1]), celle qui deviendra Colette a vécu une enfance heureuse à Saint-Sauveur-en-Puisaye, gros village de Bourgogne. Adorée par sa mère comme un « joyau tout en or » au sein d'une nature fraternelle, elle reçoit une éducation laïque. Sido, féministe et athée convaincue qui ne craint pas de troubler le curé de Saint-Sauveur avec son chien ou de lire Corneille caché dans un missel, lui apprend l'art de l'observation notamment dans le jardin donnant sur la cour de la maison. La jeune Colette lit très tôt les grands classiques et prend des leçons de français comme de style auprès de son père, grand lecteur de journaux. Sido ayant des goûts de luxe que son mari ne sait lui refuser, la famille ruinée doit quitter Saint-Sauveur et s'installe en novembre 1891 à Châtillon-sur-Loing[2]. Adolescente, Colette rencontre Henry Gauthier-Villars, séducteur compulsif surnommé «Willy», avec qui elle se marie le 15 mai 1893 à Châtillon-sur-Loing. Willy, critique musical très influent et auteur de romans populaires, est un viveur parisien qui fait également travailler à son profit une équipe de collaborateurs dans son atelier parisien de la maison d'édition Gauthier-Villars au 55 quai des Grands-Augustins, dans laquelle s'installe le couple au dernier étage. Il introduit Colette dans les cercles littéraires et musicaux de la capitale où la jeune femme fait sensation avec l'accent rocailleux de sa Bourgogne natale. Vite saisi par les dons d'écriture de sa jeune épouse, Willy l'utilise elle aussi comme nègre (le premier manuscrit de Colette date de 1893)[3] puis dès 1895 l'engage à écrire ses souvenirs d'école, qu'il signe sans vergogne de son seul nom. Cela donne *Claudine à l'école*, bientôt suivi d'une série de *Claudine* (*La Maison de Claudine*, *Claudine à Paris*, *Claudine en ménage*, etc.), qui sont donc publiés sous le nom du seul Willy. Willy est, entre autres, l'amant de la femme d'Émile Cohl,

Marie-Louise Servat, avec laquelle il avait eu un fils, Jacques Henry Gauthier-Villars (ce fils de Willy est né avant que celui-ci ne commence à fréquenter Colette, en 1889, et donc bien avant son mariage avec elle, c'est d'ailleurs en mettant cet enfant en nourrice à Châtillon-Coligny qu'il a commencé à fréquenter Colette). Colette, jalouse et consternée de devoir être enfermée dans un rôle d'épouse bafouée, se libère de plus en plus de cette tutelle. En 1905, elle publie le premier livre sous son nom de Colette Willy, *Dialogues de bêtes*. Encouragée par le comédien et mime Georges Wague (1874-1965), elle commence alors une carrière au music-hall (1906-1912), où elle présente des pantomimes orientales (« la première mime féminine de mon temps » écrit-elle) dans des tenues très légères (la Préfecture de Police interdit notamment son spectacle de pantomime nu sous une peau de panthère)[4], puis se produit au théâtre Marigny, au Moulin Rouge, au Bataclan ou en province (ces spectacles transparaîtront dans *La Vagabonde* ou *L'envers du music-hall*). Ce sont des années de scandale et de libération morale : elle divorce de Willy en 1906, connaît plusieurs aventures féminines, notamment avec Mathilde de Morny (Missy), fille du duc de Morny et sa partenaire sur scène, en 1911, chez qui elle vit le plus souvent et qui lui a offert la villa *Roz Ven* à Saint-Coulomb en Bretagne, ou Natalie Clifford Barney dite « l'Amazone ». Durant toute cette période, Colette chemine aussi dans sa vocation d'écrivaine. Elle publie des ouvrages évoquant ces années, comme *La Vagabonde*, *L'Envers du music-hall* ou *En tournée*. «Vu le commis voyageur Willy bardé de jeux de mots et d'à peu près à rendre jaloux le plus exubérant rat de table d'hôtes. Près de lui Colette, plus Polaire que jamais, avec sa mine d'enfant gâté et méchant, de cancre femelle, insupportable et contente d'elle[5].» Après son divorce, Colette a une brève liaison avec Auguste-Olympe Hériot, rencontré à la fin de 1909. Puis elle fait la connaissance de Henry de Jouvenel, politicien et journaliste, qu'elle épouse en 1912 et qui l'engage à donner quelques billets et reportages au journal *le Matin*, dont il est le rédacteur en chef. De lui, à Castel Novel de Varetz (Corrèze), elle aura sa seule enfant, Colette Renée de Jouvenel, dite «Bel-Gazou» («beau gazouillis» en provençal). À plus de quarante ans, alors que son mari la trompe, elle joue un rôle

d'initiatrice à l'amour auprès du fils de son époux, Bertrand de Jouvenel qui n'a pas encore dix-sept ans. Relation qui durera cinq années et nourrira les thèmes et les situations dans *Le Blé en herbe*[6]. Pour ce qui concerne *Chéri*, c'est un fantasme devenu réalité, puisque le livre est publié en 1920 alors que sa conception remonte à 1912, soit quelques années avant sa liaison avec Bertrand de Jouvenel. Le divorce d'avec Henry de Jouvenel sera prononcé en 1923. Comme elle le fera pour Willy dans *Mes apprentissages*, Colette se vengera de son ex-mari par un roman, *Julie de Carneilhan*. En juin 1919, Colette, directrice littéraire du journal *Le Matin*, contacte Léopold Marchand, figure marquante du théâtre entre les deux guerres, pour contribuer à une nouvelle rubrique dénommée *Mille et un Matins*. C'est au *Matin* que Colette embauche Hélène Picard, qui devient par la suite son amie, comme secrétaire. Colette invite Léopold Marchand dans sa demeure bretonne de Roz Ven à Saint-Coulomb près de Saint-Malo[7]. En 1921, Léopold Marchand collabore avec Colette à l'adaptation théâtrale de *Chéri*. Il s'occupe de la mise en scène de *Chéri* et joue même un rôle[8]. En 1923, Léopold Marchand adapte pour le théâtre le roman de Colette *La Vagabonde*[9]. Colette a publié dans *La Jumelle noire* l'ensemble des critiques littéraires qu'elle a écrites sur les pièces de Léopold Marchand. Mélomane avertie, Colette collabore avec Maurice Ravel entre 1919 et 1925 pour la fantaisie lyrique *l'Enfant et les Sortilèges*. Elle a été l'amie de la reine Élisabeth de Belgique, de Marguerite Moreno, de Renée Vivien, et a eu quelques brouilles avec la célèbre demi-mondaine de la Belle Époque, Liane de Pougy. Elle rencontre son troisième mari, Maurice Goudeket, en accompagnant son amie Marguerite Moreno, chez Madame Andrée Bloch-Levalois, au début de l'année 1925. Colette fréquente assidûment la Côte d'Azur. Elle séjourne un temps dans sa villa de Guerrevieille, à Sainte-Maxime, puis elle s'installe plus longuement à *La Treille-Muscate*, à Saint-Tropez (auquel elle consacre de nombreux essais ou romans comme *La Naissance du jour*, *Bella Vista*, *Prisons et paradis* ou *Journal à rebours*), qu'elle quitte en 1938 en se plaignant de l'affluence trop importante de touristes suite à la promotion de son maire Léon Volterra. Colette vend alors sa villa à Charles Vanel.
En 1932, Colette qui a besoin de gagner sa vie ouvre *rue de*

Miromesnil à Paris un institut de beauté[4]. Pendant l'Occupation, Colette séjourne quelques mois chez sa fille en Corrèze dans le village de Curemonte puis revient à Paris, avec Maurice Goudeket (qu'elle sauva de la Gestapo), passer toute la durée de la guerre dans son appartement du Palais-Royal au 9 de la rue de Beaujolais[10]. Immobilisée dans sa « solitude en hauteur » dans son « lit-radeau » (offert par la Princesse de Polignac) par une arthrite de la hanche, elle continue d'écrire à partir des fenêtres, véritables portes ouvertes sur le monde[11]. En 1945, Colette est élue à l'unanimité à l'Académie Goncourt, dont elle devient présidente en 1949. Ayant vite compris que la célébrité passe par la maîtrise de son image, elle devient l'écrivaine la plus photographiée du XXe siècle[3]. Les *Œuvres Complètes* de Colette sont publiées en quinze volumes par la maison d'édition *Le Fleuron*, créée par Maurice Goudeket. En 1952 elle interprète son propre personnage dans le documentaire que lui consacre Yannick Bellon intitulé simplement *Colette* et qui est devenu un classique du genre, puisqu'il s'agit du seul film que l'écrivaine interprète. En 1953, elle est élevée à la dignité de grand officier de la Légion d'honneur[12]. Elle compte Jean Cocteau parmi ses voisins. Sur ses vieux jours, celui qu'elle surnomme « son meilleur ami », c'est-à-dire Maurice Goudeket, l'aide à supporter son arthrose. Elle meurt le 3 août 1954. En dépit de sa réputation sulfureuse et du refus par l'Église catholique d'un enterrement religieux, Colette est la première femme à laquelle la République ait accordé des obsèques nationales[13]. Elle est enterrée au cimetière du Père-Lachaise à Paris[14]. Sa fille repose à ses côtés.»
(Testo tratto da: http://fr.wikipedia.org/wiki/Colette)

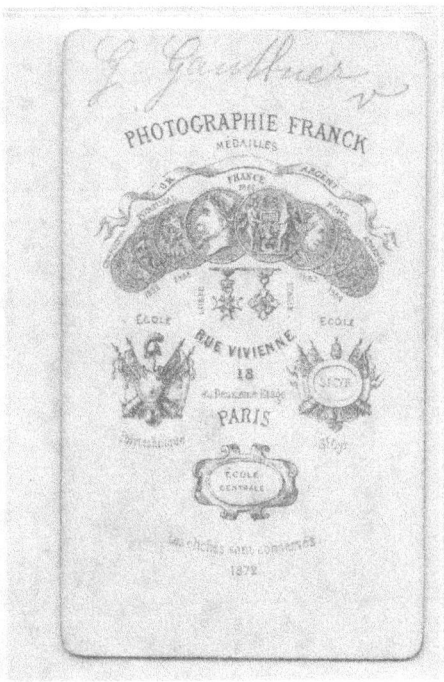

Gabrielle in un cdv photo (con firma)
dello studio Franck di Parigi[12]

---

[12] Oltre che scrittrice Colette è stata anche una ballerina e un'autrice di testi teatrali e in questa foto ha effettivamente più una posa da attrice che da romanziera.

Uno dei volumi della saga di Claudine,
il primo successo letterario di Colette.

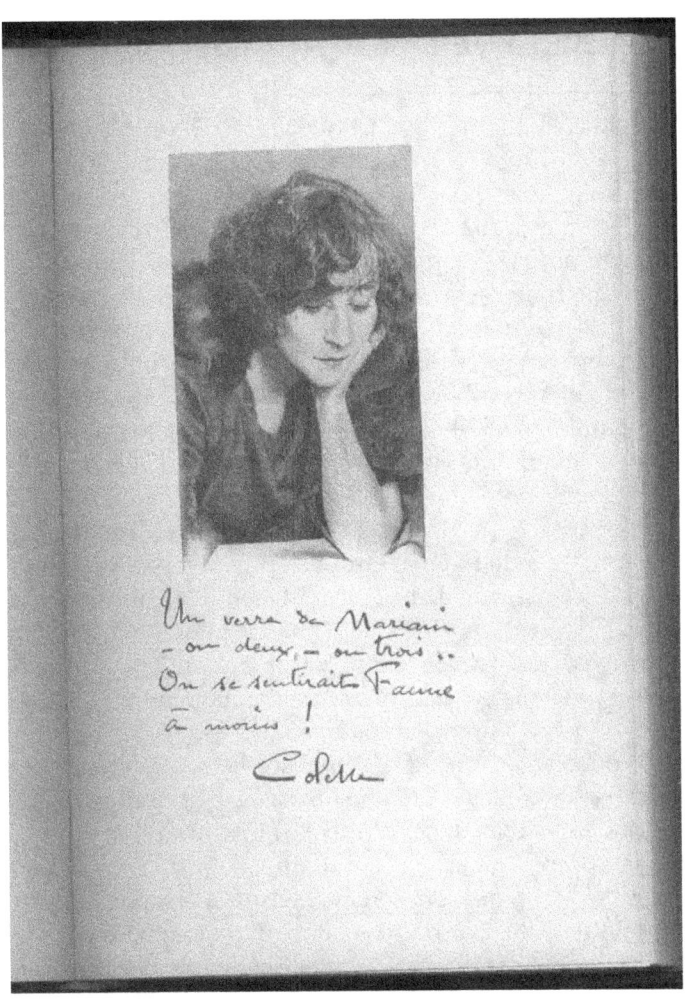

Dedica con firma di Colette
(dall'album Mariani).

MARCELLINE DESBORDES-VALMORE[13]

13 "Marceline Desbordes est la fille de Catherine Lucas et Félix Desbordes, un peintre en armoiries, devenu cabaretier à Douai après avoir été ruiné par la Révolution. Fin 1801, après un séjour à Rochefort et un autre à Bordeaux, la jeune fille et sa mère s'embarquent pour la Guadeloupe, île appartenant à la France depuis 1635, afin de chercher une aide financière chez un cousin aisé, installé là-bas. Le voyage entrepris, qui devait être un nouveau départ devient un véritable calvaire. D'une part, la traversée en bateau, qui dure plus que prévu (onze jours) affaiblit les deux femmes, d'autre part, une épidémie de fièvre jaune se déclare en Guadeloupe et emporte, en mai 1803, la mère de la jeune fille[2]. En outre, des troubles politiques agitent l'île et la situation du cousin ne se révèle pas aussi bonne qu'on le disait : l'aide qu'il apporte est donc bien maigre. De retour en métropole près de son père à Douai, Marceline devient comédienne dès l'âge de 16 ans. Elle joue au théâtre au théâtre à l'italienne de Douai, à Lille, Rouen (grâce à sa rencontre avec le compositeur Grétry) et à Paris. Comédienne, chanteuse et cantatrice, elle se produit notamment au théâtre de l'Odéon à l'Opéra-Comique, à Paris, et au Théâtre de la Monnaie, à Bruxelles, où elle incarne en 1815 « Rosine » dans Le Barbier de Séville de Beaumarchais. Au cours de sa carrière théâtrale, elle joue souvent des rôles d'ingénue. Elle crée plusieurs pièces de Pigault-Lebrun, rencontre Talma, qu'elle admire, Marie Dorval et surtout Mademoiselle Mars, qui sera son amie jusqu'à la fin de ses jours. De 1808 à 1810, elle a une liaison passionnée avec le comédien et homme de lettres Henri de Latouche, qu'elle nomme Olivier dans ses poèmes. En 1816, elle perd le fils qu'elle a eu avec lui. Elle se marie en 1817 avec un acteur, Prosper Lanchantin, dit Valmore, rencontré alors qu'elle jouait à Bruxelles. Elle en aura quatre enfants, dont un seul, Hippolyte Valmore, lui survivra (Junie, Inès décèdent en bas âge et Hyacinthe, dite Ondine, compose des poèmes et des contes avant de mourir à l'âge de 31 ans). Marceline Desbordes-Valmore publie en 1819 son premier recueil de poèmes, Élégies et Romances, qui attire l'attention et lui ouvre les pages de différents journaux tels que le Journal des dames et des modes, l'Observateur des modes et

la Muse française. En effet, son mari n'est guère aisé et sa popularité, à elle, a perdu de son aura : c'est ainsi tout d'abord pour un intérêt financier qu'elle se met à écrire. Le couple s'installe à Lyon. Marceline Desbordes-Valmore continue à voir Henri de Latouche, et entretient avec lui une relation épistolaire soutenue. Par la suite, ses ouvrages les plus importants sont les "Élégies et poésies nouvelles» en 1824, les «Pleurs» en 1833, «Pauvres fleurs» en 1839 et Bouquets et prières en 1843. En 1832, elle cesse définitivement son activité au théâtre pour se consacrer à l'écriture. Toutes ses œuvres, dont le lyrisme et la hardiesse de versification sont remarqués, lui valent une pension royale sous Louis-Philippe Ier et plusieurs distinctions académiques. Elle écrit aussi des nouvelles et compose des Contes pour enfants, en prose et en vers. En 1833, elle publie un roman autobiographique "L'Atelier d'un peintre". Elle y met en évidence la difficulté d'être reconnue pleinement comme artiste pour une femme. Marceline Desbordes-Valmore décède à Paris, dans sa dernière demeure au 59, rue de Rivoli, le 23 juillet 1859, en ayant survécu au décès de presque tous ses enfants, de son frère et de maintes amies. Elle fut surnommée «Notre-Dame-Des-Pleurs» en référence aux nombreux drames qui jalonnèrent sa vie. Elle est inhumée au cimetière de Montmartre (26ème division)."
(Testo tratto da:
http://fr.wikipedia.org/wiki/Marceline_Desbordes-Valmore)

L'instruction limitée de Marceline Desbordes-Valmore est compensée par son grand travail d'autodidacte. Honoré de Balzac, qui admirait son talent et la spontanéité de ses vers («assemblages délicats de sonorités douces et harmonieuses et qui évoquent la vie des gens simples» lui écrivait en avril 1834 en parlant d'elle: «Elle a donc conservé le souvenir d'un cœur dans lequel elle a pleinement retenti, elle et ses paroles, elle et ses poésies de tout genre, car nous sommes du même pays, Madame, du pays des larmes et de la misère. Nous sommes aussi voisins que peuvent l'être, en France, la prose et la poésie, mais je me rapproche de vous par le sentiment avec lequel je vous admire.»
Elle est aussi considérée comme une poétesse ayant joué un rôle

majeur dans l'évolution de l'écriture par Paul Verlaine, qui déclare : « Nous proclamons à haute et intelligible voix que Marceline Desbordes-Valmore est tout bonnement [...] la seule femme de génie et de talent de ce siècle et de tous les siècles [...]». On lui sait gré d'avoir introduit des formes nouvelles: «Marceline Desbordes-Valmore a, le premier d'entre les poètes de ce temps, employé avec le plus grand bonheur des rythmes inusités, celui de onze pieds entre autres [...]». Son personnage romantique d'autodidacte dont la vie malheureuse aurait nourri une sensibilité singulière n'est pas non plus étranger à ce succès. Charles Baudelaire s'intéresse plus à la personne qu'aux vers quand il affirme : « Mme Desbordes-Valmore fut femme, fut toujours femme et ne fut absolument que femme ; mais elle fut à un degré extraordinaire l'expression poétique de toutes les beautés naturelles de la femme», suivi en cela par toute une tradition au XXe siècle. Sainte Beuve dit à son propos: «Elle a chanté comme l'oiseau chante». Il définit sa poésie comme « si passionnée, si tendre, et véritablement unique en notre temps».Première en date des poètes du romantisme, une des plus grandes poétesses depuis Louise Labé, Marceline Desbordes-Valmore, en dépit d'une prolixité intermittente, est un précurseur inattendu des maîtres de la poésie française moderne : Rimbaud[12] et surtout Verlaine. On lui doit l'invention de plus d'un rythme : celui des onze syllabes et la genèse de Romances sans paroles. Cette femme prétendument ignorante était une savante méconnue. Au surplus, elle fut la marraine indiscutable de «muses» de la fin du siècle: Anna de Noailles, Gérard d'Houville, Renée Vivien, Cécile Sauvage, Marie Noël.

*Marcelline in un dagherrotipo
dello studio Noiret di Parigi.*

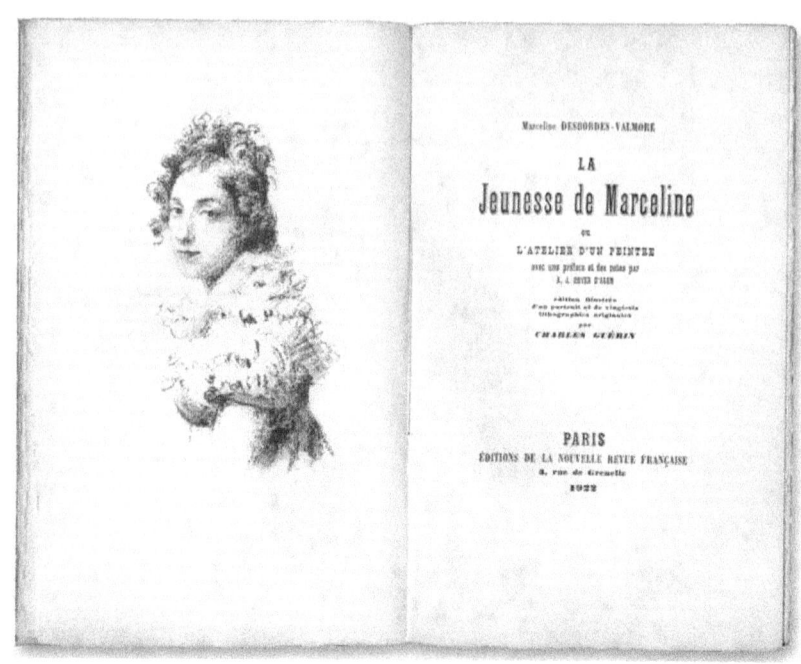

Marcelline in un ritratto pubblicato in un libro dedicato alla ricostruzione della sua vita letteraria ed amorosa.

CAROLINE REMY
(Séverine)[14]

[14] «Fille d'un petit fonctionnaire (inspecteur des nourrices) à la Préfecture de police de Paris, Caroline Rémy est née le 27 avril 1855 à Paris. Rien dans ses origines ni dans sa formation ne la prédisposait à devenir la journaliste engagée qu'elle sera par la suite. En 1871, elle est mariée, sans son consentement, à Antoine-Henri Montrobert, un employé du gaz, dont elle se sépare rapidement, malgré la naissance d'un fils. Elle est ensuite la compagne d'Adrien Guebhard (1849-1924), professeur de médecine, issu d'une famille suisse fortunée, qu'elle épouse en 1885, quand le divorce est à nouveau autorisé en France ; elle a avec lui un autre fils, Roland. C'est à l'occasion de cette naissance, à Bruxelles, qu'elle rencontre Jules Vallès en 1879, peu avant l'amnistie des Communards. Cette rencontre change complètement le cours de sa vie: outre une profonde amitié qui les unira jusqu'à la mort de Vallès, elle devient bientôt "le" secrétaire de celui-ci. À ses côtés, elle apprend le journalisme et s'initie au socialisme. Elle lui procure le soutien financier d'Adrien Guebhard pour relancer *Le Cri du peuple*, qu'elle dirige avec lui, et dont elle reprend la direction après la mort de Vallès, en 1885, dans l'esprit qu'il avait insufflé au journal. Elle fut la première femme "patron" d'un grand quotidien. Mais, en 1888, à cause d'un conflit idéologique de fond avec le marxiste Jules Guesde, elle doit quitter *Le Cri du peuple*. Elle continue ensuite à écrire, de manière indépendante, dans de très nombreux journaux, vivant confortablement de sa plume (plus de 4000 articles). Son indépendance et son antiparlementarisme la conduisent parfois sur des chemins incertains. Ainsi, elle écrit en 1893-1894 dans *La Libre Parole* du pamphlétaire antisémite Édouard Drumont, dont elle ne partage pas l'antisémitisme théorisé et systématique; néanmoins, elle se laisse parfois aller à la dénonciation de l'«esprit juif» ou des «grands Juifs»[1]. Tombée amoureuse en 1885 de Georges de Labruyère, un journaliste de *L'Écho de Paris* rencontré à la mort de Vallès, elle vit avec lui jusqu'à sa mort en 1920, avant de reprendre la vie commune avec son second mari, Adrien Guebhard,

qui disparaît en 1924. En 1897, elle publie, sous le nom de plume d'Arthur Vingtras, des chroniques libertaires dans *La Fronde*, le quotidien féministe de son amie, la journaliste Marguerite Durand qui l'entraîne un temps à s'engager aux côtés du Général Boulanger. Elle continue à écrire pour de nombreux journaux dans lesquels elle défend la cause de l'émancipation des femmes et dénonce les injustices sociales. Elle s'engage aussi dans l'affaire Dreyfus aux côtés des Dreyfusards et notamment de Mécislas Golberg. Très généreuse, elle organise de nombreuses souscriptions. Elle soutient certaines causes anarchistes, prend la défense de Germaine Berton et, à la fin de sa vie, s'associe aux efforts entrepris en vain pour sauver Sacco et Vanzetti en 1927. Pacifiste, elle condamne l'«Union sacrée» en 1914 et adhère au Parti socialiste SFIO en 1918. Collaboratrice à *L'Humanité*, elle adhère en 1921 au Parti communiste, qu'elle quitte lorsqu'on la met en demeure de rompre avec la Ligue des droits de l'homme qu'elle avait contribué à créer. En 1927, elle signe la pétition publiée le 15 avril dans la revue *Europe*, contre la loi sur l'organisation générale de la nation pour le temps de guerre, qui abroge toute indépendance intellectuelle et toute liberté d'opinion, aux côtés d'Alain, Lucien Descaves, Louis Guilloux, Henry Poulaille, Jules Romains. Peu avant sa mort, elle participe à la campagne de soutien à la candidature du docteur Albert Besson, qui est élu conseiller municipal du quartier Saint-Fargeau, conseiller général de la Seine puis vice-président du Conseil de Paris et du conseil général de la Seine. En 1933, en mémoire de celle-ci, il fera attribuer le nom de «Séverine» au square qu'il fait réaliser porte de Bagnolet.»
(Testo tratto da: http://fr.wikipedia.org/wiki/S%C3%A9verine)

*Una giovanissima Caroline in un cdv del 1873
dello studio Mathieu-Deroche di Parigi.*

Caroline ritratta
da Pierre Auguste Renoir.[15]

---

[15]http://commons.wikimedia.org/wiki/File:CarolineRemy-Renoir.jpg

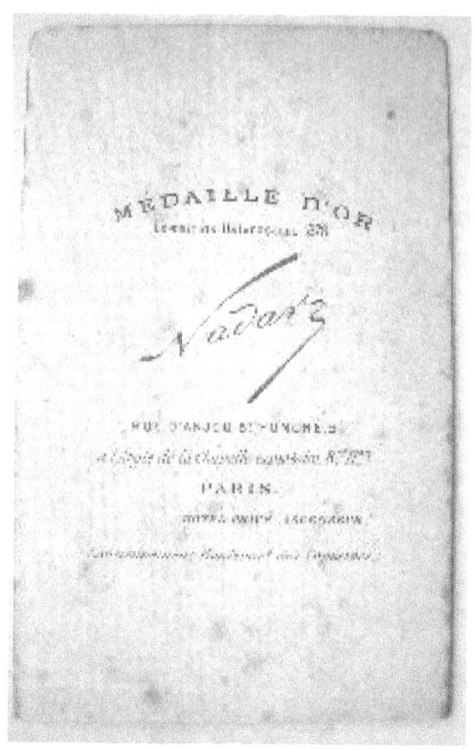

Caroline giornalista di idee femministe ed anarchiche collaboratrice della rivista "La Fronde" fondata nel 1897 da Marguerite Durand in una foto dello studio Nadar di Parigi e in un ritratto pubblicato su una rivista, entrambi risalenti al 1888.

SÉVERINE

MADELEINE VALETTE

*Madeleine in un cdv (con firma)
dello studio Provost di Toulouse.*

OGNI FOTO HA IL SUO DRITTO E IL SUO ROVESCIO CHE SPESSO CONTIENE INFORMAZIONI INTERESSANTI:

Fronte della foto di Madame De Stael

Retro della foto di Madame De Stael

Fronte della foto di Madeleine Vallette

Retro della foto di Madeleine Vallette

Fronte della foto di Marie De Heredia

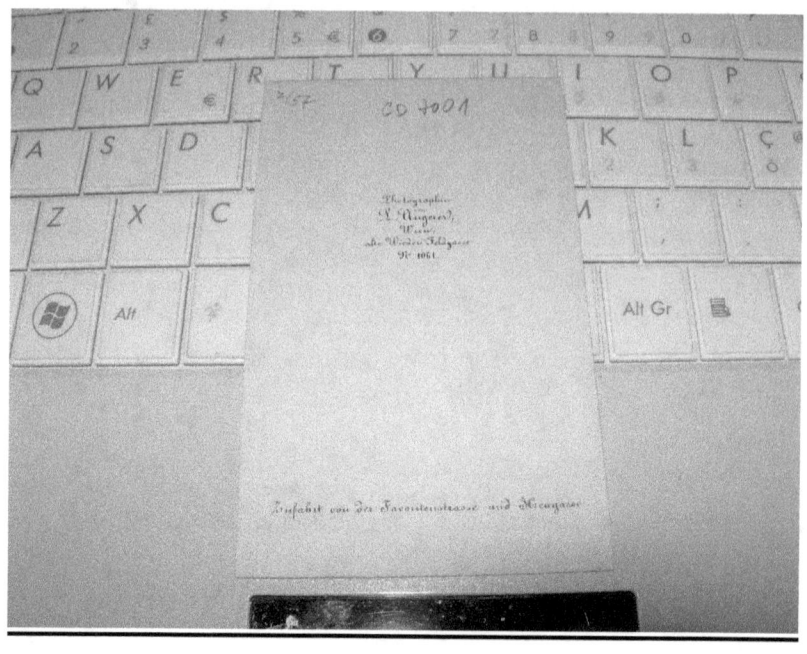

Retro della foto di Marie De Heredia

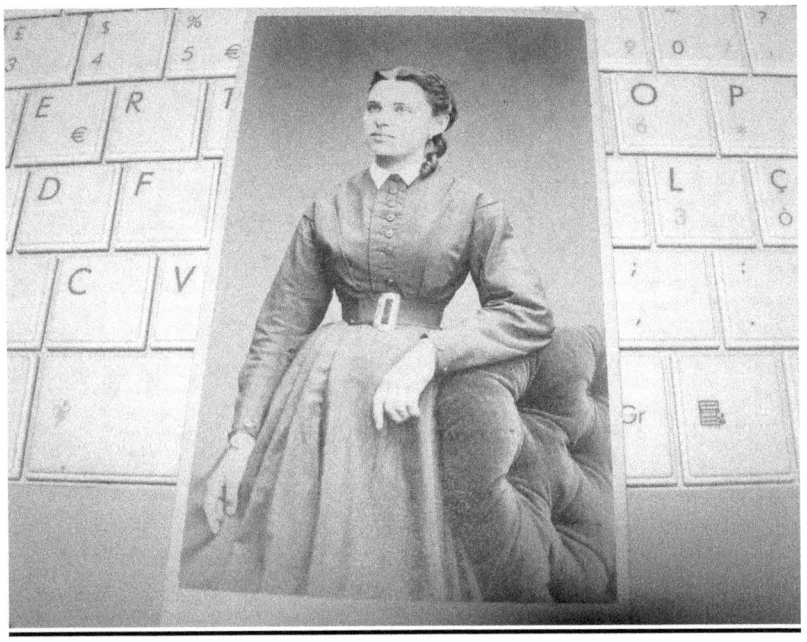

Fronte della foto di Anna de Noailles

E retro della medesima foto, la scritta "Ma tante Annette" si trova in fondo a matita, anche se purtroppo è appena leggibile.

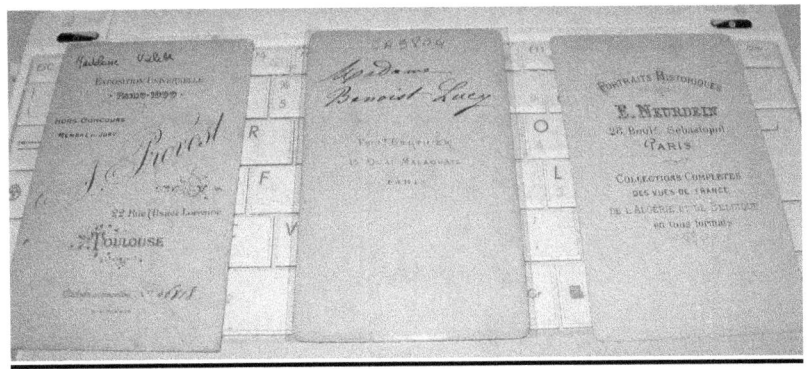

E per chiudere il cdv photo di Madame Lucy-Benoist, traduttrice in francese di due opere del Mommsen su cui attualmente sto conducendo delle ricerche storiche:

Cdv photo dello studio Berthier di Parigi,
risalente probabilmente al 1870-1875.

Per chi volesse saperne di più:

http://fr.wikipedia.org/wiki/Delphine_de_Girar
din

http://it.wikipedia.org/wiki/Colette

http://it.wikipedia.org/wiki/Madame_de_Sta%
C3%ABl

http://www.stael.org/

http://fr.wikipedia.org/wiki/S%C3%A9verine

http://www.dreyfus.culture.fr/en/bio/bio-html-caroline-remy-dite-severine.htm

http://www.humanite.fr/medias/severine-de-son-vrai-nom-caroline-remy-insurgee-toute-sa-vie-500413

http://www.centre-colette.fr/

Delphine de Girardin la muse de juillet
books.google.it/books?isbn... - Traduci questa pagina
Claudine Giacchetti - 2004 - Anteprima - Altre edizioni
Delphine de Girardin fut une femme de lettres à succès (poète, romancière, dramaturge sous la monarchie de juillet) et une salonnière de grande renommée qui lui permit de côtoyer Lamartine, Balzac, Hugo et Gautier.

Poésies complètes
books.google.it/books?id... - Traduci questa pagina

Delphine Girardin (Mme) - 1865 - Leggi - Altre edizioni
Oeuvres complètes de Madame Emile de Girardin, née Delphine ...
books.google.it/books?id... - Traduci questa pagina

Emile de Girardin (Mme) - 1860 - Leggi - Altre edizioni
L'occhialino. Prima versione italiana per C... G...

Il cappello d'un orologiere. Commedia in 1 atto (etc.)
books.google.it/books?id=1e5JAAAAcAAJ

Delphine Girardin (nee Gay), Eugene Marin Labiche,
Marc-Antoine Amedee Michel - 1855 - Leggi

Oeuvres complètes de madame Émile de Girardin, née
Delphine Gay
books.google.it/books?id... - Traduci questa pagina
Mme Emile de Girardin - 1861 - Leggi - Altre edizioni

Oeuvres complètes de Madame Émilie de Girardin, née
Delphine ...
books.google.it/books?id... - Traduci questa pagina

Emile de Girardin (Mme) - 1860 - Leggi - Altre edizioni
Oeuvres de madame 2mile de Girardin (Delphine Gay).
books.google.it/books?id... - Traduci questa pagina
Delphine Gay - 1834 - Leggi

Delphine Gay de Girardin:
books.google.it/books?id... - Traduci questa pagina
Henri Malo - 1925 - Visualizzazione snippet

Poésies complètes de Madame Émile de Girardin
(Delphine Gay).
books.google.it/books?id=jKlJAAAAcAAJ - Traduci
questa pagina
Delphine Gay - 1865 - Leggi - Altre edizioni

Inventaire sommaire des Archives départementales antérieures ...
books.google.it/books?id... - Traduci questa pagina
Archives départementales de l'Allier, Ferdinand Claudon
- 1906 - Visualizzazione snippet
Mariage de Claude Péronnin, notaire royal à Moulins, avec Madeleine Vallette, de Vichy (17 nov.)f — Baptême d'André, fils de Pierre Vernin et de Jeanne Tourraud (29 nov.). — Mariage de Jacques Hugon, écuyer, seigneur de Fourchaud, ...

Bulletin des musées et monuments lyonnais - Edizioni 1-4 - Pagina 69
books.google.it/books?id... - Traduci questa pagina
2001 - Visualizzazione snippet - Altre edizioni
Cf. Henri Hours, Maryannick scenes de la persecution, et qui sert comme de prepa- Lavigne-Louis, **Marie-Madeleine Vallette** ration à la lettre sublime sur les martyrs de Lvon » 208 . d'°sia' Le cimetière de Loyasse, Lyon, . , J Lyon,...

Revue de littérature comparée - Volume 65 - Pagina 85
books.google.it/books?id... - Traduci questa pagina
Paul Hazard, Fernand Baldensperger
- 1991 - Visualizzazione snippet - Altre edizioni
... Gide remédie à la cécité du lecteur, tout comme le pasteur à celle de Gertrude, en faisant lire dans le « livre de la nature » un véritable « paysage-texte » à la jeune aveugle. Madeleine Vallette-Fondo parcourt avec subtilité les lacis de ...

Revue d'histoire littéraire de la France
books.google.it/books?id... - Traduci questa pagina
1988 - Visualizzazione snippet - Altre edizioni
Jacqueline Lévi-Valensi et Madeleine Vallette-Fondo
proposent un « essai de définition à partir de quelques
exemples ». Leur propos se veut modeste, il est
stimulant. Si rien ne peut être dit, tout peut être redit
autrement. Avec Robbe-Grillet ...

Les narrations de la mort - Pagina 246
books.google.it/books?isbn... - Traduci questa pagina
Régis Bertrand, Anne Carol, Jean-Noël Pelen
- 2005 - Visualizzazione snippet

FOTO E RITRATTI A CONFRONTO:

UNA FOTO DUBBIA:

GABRIELLE GAUTHIER ATTRICE O SCRITTRICE?

Comédienne et Carmélite - Google Books

books.google.com/.../Comédienne_et_Carmélite.ht...   -
Traduci questa pagina

Comédienne et Carmélite: étude historique sur **mademoiselle Gauthier, actrice de la Comédie française, puis religieuse Carmélite à Lyon.**

INDICE